# mi pájaro

"Mis animales preferidos"
Dirección de la obra: José Mª Parramón Homs

"Mi pájaro"
Texto y guión: Isidro Sánchez
Ilustraciones: María Rius

© Parramón Ediciones, S.A.
Edición especial: julio, 1992

Editado por Parramón Ediciones, S.A.
Gran Via de les Corts Catalanes, 322-324
08004 Barcelona (España)

Producción: Rafael Marfil Mata
Impreso por: EMSA, Barcelona (España)

ISBN: 84-342-1128-9
Printed in Spain

Isidro Sánchez / María Rius

# mi pájaro

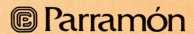 Parramón

En nuestra ciudad,
hay un paseo muy bonito,
con pájaros y con muchas flores.

Hay jaulas con pájaros de plumas de todos los colores y cada uno tiene un canto diferente.

Papá y mamá nos compran un pájaro muy bonito y una jaula.
–La jaula ha de ser grande –dice el vendedor.

Papá coloca la jaula en un sitio alto, donde nuestro gato no llega…

y luego abrimos la cajita de agujeros para que el pájaro entre en su nueva casa.

–No debe darle mucho el sol
ni puede estar en corrientes
de aire –dice mamá.

Y nuestro nuevo amigo debe de estar muy contento con nosotros, porque en seguida empieza a cantar.

–Deben procurar que tenga siempre agua limpia en el bebedero y que no le falte comida en el comedero –dice papá.

Se divierte columpiándose
y, cuando se cansa de jugar,
se remoja en su bañera.

Su canto es muy bonito
y todos dejamos lo que
estamos haciendo para
escucharlo.

Una vez nuestro pájaro dejó de cantar.
–No le pasa nada –dice mamá–.
No canta porque está cambiando
las plumas.

Un día, cada niño lleva
al colegio su animal doméstico
preferido.

Hay pequeños y traviesos hámsters
y canarios, ruiseñores, jilgueros
y periquitos, que no paran de
cantar.
—¡El más bonito es MI PÁJARO!

29

# MI PÁJARO

ORIENTACIONES
PARA PADRES Y EDUCADORES

Nuestra colección *Primera biblioteca de los niños* ha sido creada y realizada con el propósito de explicar al niño su entorno más cercano, ampliando su práctica de la lectura. Nuestro objetivo ha sido también el de motivarle para que comente con el adulto todo lo que el texto y las ilustraciones le sugieren y para que, con las preguntas-juego de la página contigua, descubra nuevas formas de *leer* las ilustraciones, utilizando su imaginación.

## Tener un pájaro en casa

Desde tiempo inmemorial, algunas aves han convivido con el hombre, que las ha incorporado a su hogar por dos razones fundamentales: la belleza de su plumaje o la excelencia de su canto.

La costumbre de tener un pájaro en casa ha subsistido hasta nuestros días y muchos educadores han visto en ella una buena oportunidad para despertar en el niño el interés y el respeto por la vida en sus múltiples manifestaciones.

Hacer que el pequeño de la casa o un grupo de alumnos del parvulario se responsabilice del bienestar de su pajarito, procurando que no le falte el alimento, haciéndose su amigo y descubriendo que el animalito, a su modo, también le quiere y se lo demuestra, es una acción pedagógica que puede encerrar un gran valor si los mayores saben alentarla.

Y para ello, deberán informarse sobre las características y costumbres del pájaro que vayan a comprar, así como de sus necesidades para la vida en cautiverio.

## La jaula

La elección de la jaula depende, en parte, de la especie a la que pertenezca su futuro habitante. Sin embargo, en términos generales, procuraremos que la jaula de nuestro pájaro cumpla con estas condiciones:

Que sea amplia, todo lo que permita el espacio que en nuestro hogar podamos destinar al pequeño compañero. Una jaula demasiado estrecha lleva a su ocupante al aburrimiento, a la apatía y a ser muy poco sociable.

Que sea de acero inoxidable. Es el material que ofrece una mayor garantía de higiene, tanto porque puede limpiarse con facilidad, como porque evita la aparición de microorganismos parásitos.

Por debajo del enrejado del fondo, la jaula dispondrá de una bandeja de metal o de plástico donde vayan a parar los excrementos y restos de comida. Retirando dicha bandeja, resulta fácil eliminar la suciedad.

## Los accesorios para la jaula

Acondicionar el interior de la jaula, es otra cuestión que debe atenderse en función de las costumbres del pájaro que vaya a ocuparla y que no son las mismas, por ejemplo, en un pájaro trepador y charlatán como es el periquito, que en un pájaro cantor, como son el canario y el jilguero.

En general, suponiendo que nuestra jaula sea espaciosa, se la dotará de varios apoyos que permitan al ocupante practicar saltos de uno a otro, e incluso breves vuelos... Un apoyo tipo columpio y una pequeña escalera (cuando nuestro pájaro sea un trepador) pueden completar la instalación.

Muchos pájaros necesitan bañarse, por lo que es casi seguro que el bienestar del nuestro requerirá que le proporcionemos una bañera de plástico, loza o cristal, con agua suficiente para que pueda disfrutar en ella.

## La alimentación

Hoy día, alimentar a un pájaro doméstico no representa ningún problema. En el mercado hallamos preparados a base de semillas, especialmente indicados para las distintas especies.

Los alimentos compuestos envasados suelen contener el aporte vitamínico necesario para la buena salud del pájaro.

Sin embargo, si el nuestro pertenece a una especie poco común, lo prudente será que, a la hora de pensar en su alimentación, nos dejemos aconsejar por un experto. ¡Porque no todos los alimentos son buenos para todos los pájaros!

## Precauciones

La limpieza diaria de la jaula, junto con una alimentación correcta constituyen la mejor garantía para la salud de nuestro pájaro. Sin embargo, para asegurar su buen estado de salud, conviene tomar algunas precauciones:

— No exponer al pájaro a las corrientes de aire.
— Tenerlo en un lugar ventilado y seco. Deben evitarse los lugares húmedos.
— El pájaro debe disfrutar de la luz del sol. Por ello lo tendremos cerca de una abertura exterior e incluso al aire libre. Pero debemos saber que ciertas especies (el canario, por ejemplo) soportan poco los rayos directos del sol.
— Nunca tendremos el pájaro en la cocina. Aunque sea el lugar más caliente de la casa, las emanaciones de gas son muy perjudiciales para los pequeños volátiles.
— Nunca pondremos objetos pintados dentro de su jaula. Las sales de plomo son un grave peligro de envenenamiento.

## LEER Y MIRAR

*El número que hay delante de la pregunta es el de la página donde debes mirar:*

5. Hay tres pájaros iguales. ¿Los ves?
7. Hay otro animalito, además de pájaros y peces. ¿Cuál es?
8/9. ¿Qué es el señor que lleva una gorra blanca?
11. ¿Dónde crees que está el pajarito? Mira en la página siguiente, si no estás seguro.
14/15. ¿Cuántos ovillos de lana hay?
22/23. Busca otra página donde sale una de estas sillas.
25. ¿Cuántas veces sale el pajarito de estos niños en su jaula?
26/27. ¿Cuántos niños llevan un pájaro a la escuela? Mira en la página siguiente.

# primera biblioteca de los niños

Concebida para niños de 4 a 6 años, la colección *Primera biblioteca de los niños* está destinada a describir al niño su entorno más cercano —su familia, su casa, su calle, su escuela—, a ayudarle a conocer su propio cuerpo —los cinco sentidos—, o a explicarle conceptos y fenómenos que escapan a su comprensión —las partes del día, el ritmo anual de las estaciones, etc. Formada por diversas series de cuatro o de cinco libros sobre un tema común, el propósito de esta colección es el de estimular la sensibilidad y la imaginación del niño, contribuyendo además a ampliar su práctica de la lectura y a familiarizarlo con el libro, a través de la formación de su *primera biblioteca*.

**LAS CUATRO ESTACIONES**

La primavera
El verano
El otoño
El invierno

**LOS CINCO SENTIDOS**

La vista
El oído
El olfato
El gusto
El tacto

**LOS CUATRO ELEMENTOS**

La tierra
El aire
El agua
El fuego

**LAS CUATRO EDADES**

Los niños
Los jóvenes
Los padres
Los abuelos

**UN DÍA EN...**

la ciudad
el campo
el mar
la montaña

**LA VIDA...**

bajo la tierra
sobre la tierra
en el aire
en el mar

**VIAJO...**

en carro
en tren
en avión
en barco

**LAS CUATRO PARTES DEL DÍA**

La mañana
La tarde
El anochecer
La noche

**ESTOY EN...**

mi casa
mi escuela
mi calle
mi jardin

**UN DÍA EN LA ESCUELA**

Mi primer día de colegio
La clase
El recreo
Salimos de la escuela

**MI PRIMERA VISITA...**

al zoo
a la granja
al aviario
al acuario

**HOY ES FIESTA**

Cumpleaños
Carnaval
Pascua
Navidad

**CUANDO...**

me lavo
me visto
como
estoy enfermo

**MIS ANIMALES PREFERIDOS**

Mi perro
Mi gato
Mi pájaro
Mi hámster

**LA NATURALEZA**

El bosque
El jardín
El huerto
Los árboles frutales

**LOS DEPORTE EN...**

la nieve
el mar
la montaña
la ciudad